Steffi Schirmer

Kryptowährungen und deren Zukunftsaussichten

**Schirmer, Steffi: Kryptowährungen und deren Zukunftsaussichten, Hamburg,
Bachelor + Master Publishing 2016**
Originaltitel: Kryptowährungen und deren Zukunftsaussichten

Buch-ISBN: 978-3-95993-019-2
PDF-eBook-ISBN: 978-3-95993-519-7
Druck/Herstellung: Bachelor + Master Publishing, Hamburg, 2016
Zugl. Hochschule für Wirtschaft und Recht Berlin, Berlin, Deutschland, Studienarbeit,
August 2015

Bibliografische Information der Deutschen Nationalbibliothek:
Die Deutsche Nationalbibliothek verzeichnet diese Publikation in der Deutschen
Nationalbibliografie; detaillierte bibliografische Daten sind im Internet über
http://dnb.d-nb.de abrufbar.

© Bachelor + Master Publishing, Imprint der Diplomica Verlag GmbH
Hermannstal 119k, 22119 Hamburg
http://www.bachelor-master-publishing.de, Hamburg 2016
Printed in Germany

Inhaltsverzeichnis

1 Einleitung

Die zunehmende Technisierung und Digitalisierung finden auch immer mehr Einklang in der Finanzbranche. So entwickeln sich auch dort ständig neue Möglichkeiten und Technologien. Eine dieser Innovationen sind virtuelle Währungen, die als Kryptowährungen bezeichnet werden. Das bekannteste Beispiel ist der Bitcoin, zu dem es unterschiedliche Ansichten und Meinungen gibt. Einerseits ist zu hören, dass Bitcoin zukünftig zur Weltwährung wird, andererseits sei Bitcoin nur eine Währung für Kriminelle, die unbedingt verboten werden muss.[1] In Griechenland ist dieser aufgrund des drohenden Euro-Austritts und der Kapitalverkehrskontrollen nahezu zu einer Art Flucht-Währung geworden.[2] So nahmen nicht nur die Suchanfragen bei Google nach dem Wort „Bitcoin" in Griechenland enorm zu, sondern auch der Bitcoin-Kurs selbst ist während des Schuldenstreits um zehn Prozent angestiegen.[3] Weiterhin sei die Zahl der Neukunden beim Online-Handelsplatz BTCGreece innerhalb von einer Woche um rund 500 Prozent gestiegen.[4] Daher stellt sich die Frage, ob Kryptowährungen, wie der Bitcoin, die Zahlungsmittel von morgen sind oder doch eher Nischenprodukte ohne Massentauglichkeit.

Diese Arbeit untersucht die Zukunftsaussichten dieser virtuellen Währungen und wird somit die zuvor gestellte Frage beantworten. Es wird ein Überblick über die Thematik der Kryptowährungen gegeben und der aktuelle Stand dieser Technologie herausgestellt. Des Weiteren werden insbesondere das Marktpotenzial und der Nutzen von Kryptowährungen beleuchtet, sodass beurteilt werden kann, ob diese eine Gefahr für die klassische Finanzdienstleistungsbranche darstellen.

Die Vorgehensweise in dieser Arbeit setzt sich wie gefolgt zusammen: Zunächst wird ein Überblick über die Geschichte des Geldes gewonnen, um die bisherige Entwicklung der Erscheinungsformen von Geld nachvollziehen zu können. Im Anschluss wird der Begriff „Kryptowährung" definiert und klassifiziert. Des Weiteren wird auf den Begriff „Bitcoin" eingegangen, der als Ausgangspunkt für alle weiteren Kryptowährungen gilt. Auch weitere Arten virtueller Währungen werden vorgestellt, um einen Überblick über die Vielzahl dieser Währungen zu bekommen. Danach wird

---

[1] Vgl. IT Finanzmagazin (Hrsg.) (2015), 1. Abschnitt im Hauptframe (siehe Internetverzeichnis).
[2] Vgl. Die Welt (Hrsg.) (2015), 2. Abschnitt im Hauptframe (siehe Internetverzeichnis).
[3] Vgl. Ebenda, 2. und 7. Abschnitt im Hauptframe.
[4] Vgl. Ebenda, 11. Abschnitt im Hauptframe.

aufgezeigt, inwiefern virtuelle Währungen in Deutschland und der Welt verbreitet sind. Dies verschafft einen Einblick in die Alltagstauglichkeit der Kryptowährungen, insbesondere des Bitcoins. Weiterhin werden die Chancen und Risiken untersucht, die maßgeblich für die Bewertung des Marktpotenzials und des Nutzen von Kryptowährungen sein werden. Nachfolgend werden die Auswirkungen und die Chancen dieser Währungen für die klassischen Banken untersucht. Abschließend wird ein Fazit gegeben, welches die Inhalte dieser Arbeit zusammenfasst und somit die Zukunftsaussichten der Kryptowährungen herausstellt.

2 Historie des Geldes

Betrachtet man die Geschichte des Geldes, so ist sie mit rund 2.700 Jahren Historie vergleichsweise kurzweilig.[5] In der Steinzeit, wo die Menschen in Stämmen isoliert voneinander lebten, wurden Nahrungsmittel und was sonst zum Überleben notwendig war, kollektiv erwirtschaftet, sodass weder das Bedürfnis nach Tauschgeschäften noch nach Geld bestand.[6] Die ersten Ansätze von Tauschhandel lassen sich in der späten Steinzeit datieren, wo zum Beispiel Salz, Feuerstein und harte Gesteine, die zur Waffen- und Werkzeugherstellung dienten, gehandelt wurden.[7] Die Geschichte dieser Tauschwirtschaft dauerte 30.000 Jahre, dessen Ende den Beginn des Geldes kennzeichnet.[8]

Die Frühform des Geldes war das Warengeld bzw. das Naturalgeld, welches als Tauschmittel mit eigenem intrinsischem Wert definiert wird, wie zum Beispiel Samen, Felle, Vieh oder Tabak.[9] Im Laufe der Zeit traten dann Edelmetalle wie Bronze, Silber und Gold an deren Stelle, da sie relativ knapp, haltbar und leicht teilbar waren und somit das Problem des Handels mit verderblichen Waren als Geld gelöst wurde.[10] Auch kurz nach dem Zweiten Weltkrieg benutzte man in Deutschland auf dem Schwarzmarkt Zigaretten anstelle der wertlos gewordenen Reichsmark als Zahlungs-

---

[5] Vgl. Judt, Ewald / Klausegger, Claudia (2013), S. 46.
[6] Vgl. Ebenda, S. 46.
[7] Vgl. Ebenda, S. 46.
[8] Vgl. Ebenda, S. 46.
[9] Vgl. Syracom AG (Hrsg.) (2014), S. 12.
[10] Vgl. Deutsche Bundesbank (Hrsg.) (2015), S. 12.

mittel, sodass der Gebrauch von Warengeld weder auf eine Zeitepoche noch auf einen Kulturkreis beschränkt ist.[11]

Um einheitlich, genormte Stücke im Umlauf zu bringen und somit eine einfachere Handhabung und Verwendbarkeit zu gewährleisten, wurden Münzen geprägt und als Zahlungsmittel akzeptiert.[12] Zunächst waren dies noch Metallklümpchen mit einer bestimmten Prägung, die im Laufe der Zeit aber zunehmend breiter, flacher und immer besser gerundet wurden.[13] Um große Geldbeträge leichter, sicherer und damit auch billiger und schneller weiterzugeben, wurden papierne Geldzeichen entwickelt.[14] Seit dem 17. Jahrhundert breiteten sich dann Banknoten aus, die von privaten Banken ausgegeben wurden und noch mit einem realen Sachwert, wie zum Beispiel Gold oder Silber, gedeckt waren.[15] Sie hatten an sich keinen intrinsischen Wert, jedoch konnten sie in diejenige Menge an Gold eingetauscht werden, die der Höhe des Gegenwerts der Banknote entspricht.[16] Die Währungen heute werden als sogenannte Fiat-Währungen ohne Edelmetalldeckung bezeichnet, stellen somit ein Tauschmittel ohne eigenen intrinsischen Wert dar und sind ein vom Staat erklärtes gesetzliches Zahlungsmittel.[17] Beispiele sind der Euro oder der US-Dollar.

Weiterhin gibt es heute neben dem Fiat-Geld auch noch Buchgeld, welches auch als Giralgeld bezeichnet wird. Dieses bildete sich zunächst nahezu gleichzeitig in großen Handelsstädten in Norditalien, aber auch in Amsterdam, Hamburg und Nürnberg und wurde damals in den Kontobüchern der Banken verzeichnet.[18] Heute erfolgt die Speicherung des Buchgelds in Computern oder über elektronische Medien und wird auch als gesetzliches Zahlungsmittel anerkannt.[19]

Eine weitere Erscheinungsform des Geldes stellt das E-Geld, also das sogenannte elektronische Geld, dar. Dieses ist abzugrenzen vom Buchgeld. Während Buchgeld Einlagen auf Konten bezeichnet, versteht man unter E-Geld jeden elektronischen, darunter auch magnetischen, gespeicherten monetären Wert in Form einer Forderung

---

[11] Vgl. Deutsche Bundesbank (Hrsg.) (2015), S. 13.
[12] Vgl. Ebenda, S. 13.
[13] Vgl. Ebenda, S. 13.
[14] Vgl. Ebenda, S. 14.
[15] Vgl. Ebenda, S. 15.
[16] Vgl. Syracom AG (Hrsg.) (2014), S. 12
[17] Vgl. Ebenda, S. 12.
[18] Vgl. Deutsche Bundesbank (Hrsg.) (2015), S. 17.
[19] Vgl. Syracom AG (Hrsg.) (2014), S. 12.

gegenüber dem Emittenten.[20] E-Geld wird nur gegen Zahlung eines Geldbetrages ausgestellt und wird auch als gesetzliches Zahlungsmittel für Zahlungsvorgänge akzeptiert.[21] Ein bekanntes Beispiel stellt die Geldkarte dar.

Des Weiteren gibt es virtuelle Währungen, die eine neue Form von Geld repräsentieren. Dazu gehören auch die Kryptowährungen. Ein Überblick über diese Thematik wird im nächsten Kapitel gegeben.

3 Begriffsbestimmungen

3.1 Definition und Klassifizierung von Kryptowährungen

Die Begriffswelt rund um das Thema „Geld" ist alles andere als klar umrissen und wissenschaftlich eindeutig definiert, sodass sich das Problem nochmals verschärft, wenn es um Kryptowährungen geht, die in der Literatur auch als digitale oder virtuelle Währungen bezeichnet werden.[22] So eröffnete das Internet den Menschen die Möglichkeit, im Netz virtuelle Gemeinschaften zu bilden, welche zum Teil auch eigene elektronische Zahlungsmittel entwickelten und damit eine neue Form des Geldes erschufen.[23]

Eine Kryptowährung bezeichnet eine virtuelle Währung, deren Schöpfung auf Grundlage von Kryptografie, also Verschlüsselung, beruht.[24] Eine virtuelle Währung wiederum bezeichnet die digitale Darstellung eines Wertes, welche im Internet handelbar ist und Funktionen von Geld übernimmt, d.h. sie kann als Zahlungsmittel für reale Güter und Dienstleistungen verwendet werden, aber sie wird nicht als gesetzliches Zahlungsmittel akzeptiert.[25] Emittent dieser virtuellen Währungen ist demnach ein privates Unternehmen, also kein Finanzdienstleister, weshalb sie eine nicht regulierte Form von Geld darstellen.[26] Dennoch sind für die rechtliche Beurteilung von virtuellen Währungen die Beschaffenheit der Währung, der Emittent sowie das elektronische Bezahlsystem der Währung von Bedeutung.[27] Steuerlich betrachtet

---

[20] Vgl. Syracom AG (Hrsg.) (2014), S. 24.
[21] Vgl. Ebenda, S. 24.
[22] Vgl. Hartmann, Monika E. (2000), S. 9.
[23] Vgl. Schweizerische Eidgenossenschaft (Hrsg.) (2014), S. 7.
[24] Vgl. Ebenda, S. 29.
[25] Vgl. Ebenda, S. 7-8.
[26] Vgl. Syracom AG (Hrsg.) (2014), S. 26 und 32.
[27] Vgl. Ebenda, S. 18.

gelten folgende Regelungen: Kursgewinne, die aus dem Handel mit virtuellen Währungen resultieren, sind nach einer Haltefrist von einem Jahr steuerfrei. Gewinne durch „Mining", also dem Schöpfen dieser Währungen, sind steuerpflichtig. Für Privatpersonen gibt es einen Freibetrag von 256 Euro pro Jahr.[28] Jedoch ist eine Kontrolle nur schwer möglich, da Kryptowährungen oftmals als Over-The-Counter-Geschäfte gehandelt werden, sodass kein Marktplatz wie Bitcoin.de zwischengeschalten ist.[29]

Auch wenn der Übergang zwischen virtuellen Währungen, E-Geld und elektronischen Zahlungssystemen fließend ist, dürfen virtuelle Währungen nicht mit „E-Geld" verwechselt werden, denn E-Geld ist nicht nur die elektronische Darstellung einer meist physisch existierenden Währung, sondern wird auch als gesetzliches Zahlungsmittel akzeptiert, während eine virtuelle Währung aus rein „virtuellem Geld" besteht, welches physisch nicht existiert.[30]

Die Europäische Zentralbank klassifiziert virtuelle Währungen folgendermaßen:

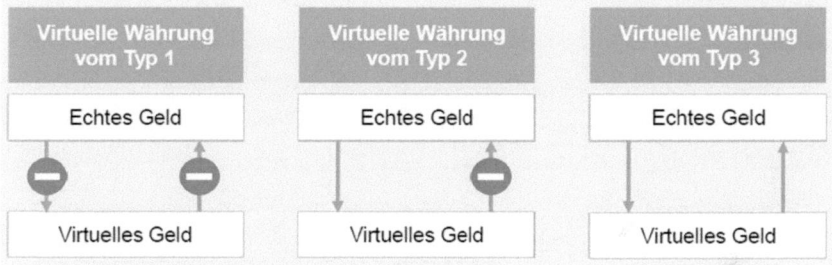

Abbildung 1: Klassifizierung von virtuellen Währungen
Quelle: SYRACOM AG (Hrsg.) (2014), S. 35 und European Central Bank (Hrsg.) (2012), S. 15.

Virtuelle Währungen vom Typ 1 können nur zum Kauf von virtuellen Gütern und Dienstleistungen genutzt werden, wobei kein Bezug zur realen Welt besteht, wie zum Beispiel bei dem Online-Spiel World of Warcraft.[31]

Virtuelle Währungen vom Typ 2 können nicht nur zum Kauf von virtuellen, sondern auch von realen Gütern und Dienstleistungen genutzt werden, wobei ein Rücktausch

---

[28] Vgl. Bergmann, Christoph (2014), 4. und 9. Abschnitt im Hauptframe (siehe Internetverzeichnis).
[29] Vgl. Syracom AG (Hrsg.) (2014), S. 30.
[30] Vgl. Ebenda, S. 12, 18 und 22.
[31] Vgl. Ebenda, S. 36.

jedoch nicht möglich ist.[32] Ein Beispiel ist das Bonusmeilenprogramm Miles&More der Lufthansa, da die gesammelten Meilen zum Kauf von Flügen und anderen Produkten verwendet werden können, jedoch die Meilen nicht in echtes Geld zurückgetauscht werden können.[33]

Virtuelle Währungen vom Typ 3 können ebenfalls zum Kauf von virtuellen und realen Gütern und Dienstleistungen genutzt werden, jedoch ist ein Rücktausch in echtes Geld möglich.[34] Als Typ 3a werden dann die Kryptowährungen eingestuft, da sie dem Konzept des Typ 3 entsprechen, jedoch existieren echte Wechselkurse, die durch Börsen oder Handelsplattformen ermittelt werden und es gibt keinen zentralen Herausgeber für Kryptowährungen.[35] Das bekannteste Beispiel ist der Bitcoin, der im nächsten Kapitel vorgestellt wird.

3.2 Der Bitcoin – „Der Urvater der Kryptowährungen"

Bei dem Bitcoin handelt es sich um eine neuartige digitale Währung, die 2009 von einem unbekannten Softwareentwickler unter dem Pseudonym Satoshi Nakamoto entwickelt wurde.[36] Bitcoin erregt nicht nur die Aufmerksamkeit von erfahrenen Internetnutzern, die Bitcoin wegen seiner technischen Finesse mögen, sondern auch von Kritikern des bestehenden Banken- und Währungssystems, die nach besseren Alternativen suchen.[37] Das einfache, schnelle und kontaktlose Bezahlsystem stellt auch für den normalen Nutzer eine Alternative dar, welches aber auch für Kriminelle durchaus interessant ist, die zudem die Anonymität der Bitcoin-Transaktionen schätzen.[38] Weiterhin sind Bitcoins fälschungssicher, kostengünstig aufzubewahren und zu bewegen und wie ein einziges, weltweit geführtes Konto, wobei jeder alle Kontobewegungen sehen kann, aber nur über den Teil verfügen kann, der ihm gehört.[39]

Diese Art Kassenbuch, welches ein öffentliches Online-Verzeichnis darstellt, wird als

---

[32] Vgl. Syracom AG (Hrsg.) (2014), S. 39.
[33] Vgl. Ebenda, S. 41.
[34] Vgl. Ebenda, S. 43.
[35] Vgl. Ebenda, S. 45.
[36] Vgl. Conrad, Peter (2013), S. 1.
[37] Vgl. Kerscher, Daniel (2013), S. 4.
[38] Vgl. Ebenda, S. 4.
[39] Vgl. Teich, Kai u.a. (2013), S. 9.

Blockchain bezeichnet und ist dezentral organisiert, d.h. niemand muss zwischen Käufer und Verkäufer vermitteln.[40]

Im Grunde bezeichnet Bitcoin zwei unterschiedliche Dinge: Einerseits das komplette Währungssystem, das aus einem globalen Netzwerk besteht und andererseits die einzelnen Währungseinheiten darin.[41] Die Bitcoin-Transaktionen laufen über ein sogenanntes Peer-to-Peer-Computernetzwerk ab, das durch alle Teilnehmer gebildet wird, die eine bestimmte Software, den Bitcoin-Client, ausführen und das über keinen zentralen Server verfügt, weshalb der Bitcoin nicht der Kontrolle durch eine Behörde oder Regierung unterliegt.[42] Mit dem sogenannten Wallet, die digitale Geldbörse, kann auf den Client zugegriffen werden, sodass sich die Währung von einem Nutzer auf den anderen übertragen lässt, was ähnlich zum bekannten Online-Banking abläuft und letztendlich eine Überweisung digitaler Informationen darstellt.[43] Der Unterschied befindet sich darin, dass Sender und Empfänger nur durch einen mathematisch generierten Schlüssel aus Zahlen und Buchstaben miteinander in Verbindung treten.[44]

Die Überweisung wird von den restlichen Netzwerkteilnehmern dahingehend über-prüft, ob die Transaktion mit der jeweiligen Bitcoin-Adresse einmalig ist oder diese bereits für eine andere Überweisung genutzt wurde.[45] Für die Überprüfung müssen mit der Software komplizierte Rechenaufgaben gelöst werden, für die die jeweiligen Teil-nehmer, die sogenannten Miner, Bitcoins als Belohnung bekommen.[46] Wurde die Transaktion verifiziert, so wird sie in die Blockchain eingetragen, was im Durchschnitt ungefähr zehn Minuten dauert.[47]

Derzeit bekommt man 25 Coins als Belohnung, jedoch halbiert sich die Belohnung ungefähr alle vier Jahre, da die maximale Menge auf 21 Millionen Bitcoins festgelegt wurde.[48] Die Untereinheit des Bitcoins nennt man Satoshi, wobei ein Bitcoin aus 100

---

[40] Vgl. Seibel, Karsten (2015), S. 15.
[41] Vgl. Kerscher, Daniel (2013), S. 5.
[42] Vgl. Ebenda, S. 5.
[43] Vgl. Ebenda, S. 5-6.
[44] Vgl. Ebenda, S. 6.
[45] Vgl. Zehbe, Astrid (2015), S. 27.
[46] Vgl. Ebenda, S. 27.
[47] Vgl. Ebenda, S. 27.
[48] Vgl. Teich, Kai u.a. (2013), S. 9.

Millionen Satoshi besteht.[49] Derzeit befinden sich knapp 14,5 Millionen Bitcoins im Umlauf.[50]

3.3 Altcoins – Alternative Kryptowährungen

Neben dem Bitcoin gibt es noch unzählig viele weitere Kryptowährungen, über die in diesem Kapitel ein Überblick gewonnen werden soll. So zählt die Internetseite coinmarketcap.com derzeit 659 Kryptowährungen.[51] Der Grund für die Vielzahl dieser Währungen liegt in der Tatsache begründet, dass man mit nur wenigen Klicks seine eigene Coin kreieren kann, sodass viele neue Ideen ausgetestet werden.[52] Diese alternativen Kryptowährungen werden unter dem Oberbegriff „Altcoins" zusammengefasst, welcher sich aus dem Englischen „alternative cryptocurrencies" ableitet.[53]

Ein Beispiel für diese sogenannten Altcoins ist der Ripple. Das Unternehmen Ripple Labs hat ein zum Bitcoin ähnliches, kommerzielles Zahlungssystem entwickelt, welches nicht nur virtuelle Währungen, sondern auch jede staatliche Währung, wie den Euro oder den Dollar, sowie andere Werteinheiten, wie zum Beispiel Mobilminuten unterstützt.[54] Um innerhalb dieses Zahlungssystems eine einheitliche Basis zu schaffen, werden alle Einheiten vor der eigentlichen Transaktion in die netzwerkeigene Währung, dem Ripple, konvertiert.[55] Des Weiteren können die Zahlungen nur vom Kontoinhaber selbst autorisiert werden und die Verarbeitung läuft automatisch ohne Dritte oder Vermittler ab, weshalb die Transaktion innerhalb weniger Sekunden erfolgt.[56] Ripple Labs arbeitet zudem an sogenannten Sidechains, die parallel zur Blockchain entwickelt und zugleich mit ihr verbunden werden können, um so ein „Ökosystem von elektronischen Transaktionsnetzwerken für verschiedene Zwecke" entstehen zu lassen.[57]

---

[49] Vgl. Teich, Kai u.a. (2013), S. 9.
[50] Vgl. Blockchain.info (Hrsg.) (2015), Chart: Insgesamte Anzahl von Bitcoins in Umlauf (siehe Internetverzeichnis).
[51] Vgl. coinmarketcap.com (Hrsg.) (2015), Crypto-Currency Market Capitalizations (siehe Internetverzeichnis).
[52] Vgl. Mey, Stefan (2014), 2. Abschnitt im Hauptframe (siehe Internetverzeichnis).
[53] Vgl. Beck, Benjamin / König, Dominik (2015), S. 130-138.
[54] Vgl. Eismann, Florian (2015), S. 127.
[55] Vgl. Ebenda, S. 127.
[56] Vgl. Ebenda, S. 128.
[57] Vgl. Brächer, Michael / Wiebe, Frank (2015), S. 28.

Eine weitere Kryptowährung nennt sich Peercoin, die seit August 2012 existiert und die energiesparende Alternative zu Bitcoin sein möchte.[58] Da der enorme Stromverbrauch, der durch das Mining von Bitcoins entsteht, immer wieder kritisiert wird, arbeitet Peercoin zwar auch mit Algorithmen, diese sollen jedoch weniger aufwendige Rechenoperationen enthalten und somit energiesparender sein.[59]

Auch der Dogecoin ist eine Alternativwährung zum Bitcoin, der im Dezember 2013 als Scherz entstanden ist und vor allem Spaß machen sollte.[60] So zum Beispiel hat ein Mitglied der Dogecoin Foundation zum Sammeln von Spenden für die jamaikanische Bobmannschaft aufgerufen, die sich die Reise zu den Olympischen Spielen in Sotschi nicht leisten konnte und hat Dogecoins im Gegenwert von 25.000 Dollar innerhalb kürzester Zeit eingesammelt.[61] Eine weitere Spendenaktion beinhaltete die Idee, in Kenia Brunnen zu bauen, wofür 30.000 Dollar gesammelt wurden.[62]

Die erst am 25. Mai 2015 gestartete Kryptowährung HayekCoin ist die erste digitale Währung mit Golddeckung, wobei jeder HayekCoin mit einem Gramm Gold gedeckt sein soll.[63] Die nach dem Nobelpreisträger Friedrich Hayek benannte Münze soll im Gegensatz zum Bitcoin nicht so stark dem Geschehen am Markt ausgeliefert sein.[64] Zum Erwerb dieser Währung, kauft man zunächst Gold, hinterlegt dieses auf ein bestimmtes Konto und dann kann das Edelmetall in die digitale Währung umgewandelt werden.[65] Es seien auch weitere digitale Währungen mit Edelmetalldeckung geplant, sodass jede Art von Metall digitalisiert und ausgegeben werden kann.[66]

4 Kryptowährungen im Alltag

4.1 Verbreitung in Deutschland

Laut einer Umfrage, die Bitkom Research im Mai 2015 durchgeführt hat, können sich 36 Prozent der Deutschen vorstellen, virtuelle Währungen zu erwerben oder zu

---

[58] Vgl. Der Standard (Hrsg.) (2013), S. 15.
[59] Vgl. Ebenda, S. 15.
[60] Vgl. Casey, Michael / Vigna, Paul (2015), S. 116.
[61] Vgl. Ebenda, S. 116.
[62] Vgl. Ebenda, S. 116.
[63] Vgl. Deutsche Wirtschafts Nachrichten (Hrsg.) (2015), 1. Abschnitt im Hauptframe (siehe Internetverzeichnis).
[64] Vgl. Ebenda, 5. Abschnitt im Hauptframe.
[65] Vgl. Ebenda, 6. Abschnitt im Hauptframe.
[66] Vgl. Ebenda, 7. und 8. Abschnitt im Hauptframe.

nutzen.[67] Im Jahr zuvor waren es noch 25 Prozent, sodass ein Trendanstieg zu erkennen ist und davon auszugehen ist, dass sich Kryptowährungen in den nächsten Jahren als Ergänzung zu anderen Zahlungsmitteln etablieren können.[68] Besonders aufgeschlossen gegenüber digitalen Währungen zeigten sich folgende Teilnehmergruppen: Einerseits gaben 43 Prozent der Männer an, dass sie sich vorstellen können, Bitcoins zu erwerben oder zu nutzen, während es bei den Frauen nur 30 Prozent sind. Andererseits sind 53 Prozent der 14- bis 29-Jährigen offen gegenüber das Internetgeld, während es bei den Befragten ab 65 nur 17 Prozent sind.[69] Da sich die Deutschen zunehmend positiv gegenüber diesen Währungen zeigen, bleibt zu klären, wo sich Akzeptanzstellen dieser Währungen finden.

Die folgende Bitcoin-Landkarte zeigt, wo in Deutschland sich diese Währung bereits ausgebreitet hat:

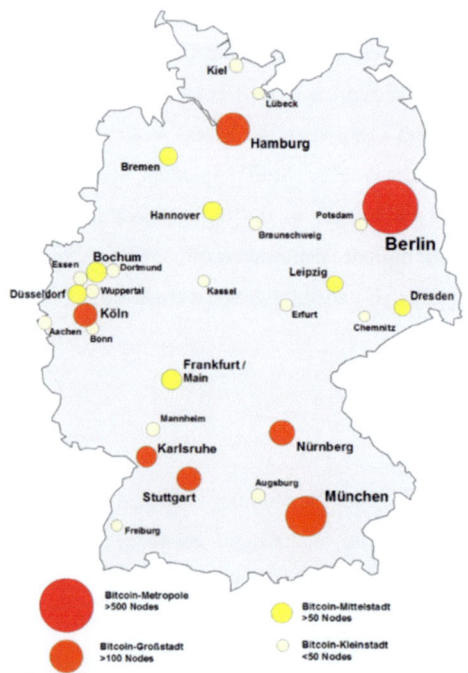

Abbildung 2: Die Bitcoin-Deutschland-Karte

Quelle: Bergmann, Christoph (2013), Die Bitcoin-Deutschland-Karte (siehe Internetverzeichnis).

---

[67] Vgl. Bitkom e.V. (Hrsg.) (2015), 1. Abschnitt im Hauptframe (siehe Internetverzeichnis).
[68] Vgl. Ebenda, 1. Abschnitt im Hauptframe (siehe Internetverzeichnis).
[69] Vgl. Ebenda, 2. Abschnitt im Hauptframe.

Die Nodes bilden Knoten, über die die Transaktionen laufen und stellen somit die aktiven Netzwerkteilnehmer dar.[70]

Nicht nur deutschlandweit betrachtet, sondern auch weltweit wurde Berlin zur Bitcoin-Hauptstadt benannt, was folgende Ursachen hat: Ausgehend vom „Room77", welche zu eine der ersten Kneipen weltweit gehört, die Bitcoins akzeptierten, wurde das Projekt „Bitcoin-Kiez" in Berlin Kreuzberg gegründet. Mittlerweile haben sich dem Projekt neben Kneipen und Cafés unter anderem ein Lebensmittelgeschäft, ein Plattenladen und ein Copyshop angeschlossen. Gründe für die Bitcoin-Einführung der Gewerbetreibenden waren die minimalen Gebühren, die nicht vorhandene Rückbuchungsmöglichkeit sowie die Anlockung von Touristen, vor allem aus Italien und den USA. Auch habe das Interesse an den Bitcoin-Transaktionen zugenommen. So hatte am Anfang einmal im Monat jemand mit Bitcoins bezahlt. Mittlerweile bezahlt mindestens einmal pro Woche jemand mit Bitcoins. Die Firma Bitfilm aus Berlin produziert zudem kleine Clips für Projekte und Start-Ups aus der Bitcoin-Szene. Des Weiteren gibt es die Bitcoin-Börse Berlin, wo Nutzer alle paar Wochen Bargeld gegen Bitcoins tauschen können. Aufgrund dieser Ursachen sind Bitcoins in der Welt nirgends so präsent wie in Berlin, sodass Optimisten davon sprechen, dass Berlin die Chance hat, eine Art Bitcoin Valley zu werden.[71]

4.2 Weltweite Verbreitung

Auch die Anzahl der weltweiten Transaktionen pro Tag ist von 65.000 auf 134.000 angestiegen, sodass der Trend nach oben eindeutig erkennbar ist.[72] Weiterhin akzeptieren selbst einzelne große Unternehmen wie der Elektroautohersteller Tesla oder das Software-Unternehmen Microsoft die Kryptowährung Bitcoin.[73] Ein Beispiel aus den USA bestätigt den Bitcoin-Trend: Der Internet-Händler Overstock.com führte den Bitcoin im Januar 2014 ein und direkt am ersten Tag wurden 830 Einkäufe mit Bitcoin im Gesamtwert von 130.000 US-Dollar abgewickelt. In den ersten acht

---

[70] Vgl. BitcoinBlog (Hrsg.) (2013), 2. Abschnitt im Hauptframe (siehe Internetverzeichnis).
[71] Vgl. Eckert, Daniel (2013), 5., 9., 13., 24., 36., 37. und 38. Abschnitt im Hauptframe (siehe Internetverzeichnis).
[72] Vgl. Zehbe, Astrid (2015), S. 26.
[73] Vgl. Ebenda, S. 26.

Wochen haben 4.300 Kunden Bitcoin-Transaktionen getätigt, wovon rund 60 Prozent Erstkunden bei dem Online-Händler waren.[74]

Um den Zahlungsverkehr mit Bitcoins noch einfacher zu machen, wurden weltweit an mehreren Standorten Bitcoin-Automaten aufgestellt. Im Jahr 2013 wurde der erste dieser Automaten in Vancouver (Kanada) aufgestellt und seitdem folgten viele weitere, zum Beispiel in New York, Bratislava, Stockholm und Berlin.[75] Laut Angaben des Betreibers wurden in Vancouver in den ersten Tagen der Inbetriebnahme 100.000 Dollar in Bitcoins getauscht, sodass offenbar ein Bedarf nach einem vergleichsweise simplen Zugang zu Bitcoins besteht.[76] Diese Automaten funktionieren folgendermaßen: Der Automat liest den QR-Code vom Smartphone des Kunden ein und dann kann der Kunde gegen Bargeld Bitcoins auf die gescannte Bitcoin-Adresse senden lassen.[77]

Selbst in Schwellenländern gewinnen virtuelle Währungen an Bedeutung. So besitzen die meisten Menschen in Afrika zwar kein Bankkonto, dafür aber ein Mobiltelefon, was sich der kenianische Mobilfunkanbieter Safaricom mit seinem Dienst M-Pesa zum Nutzen machte.[78] Der Name M-Pesa resultiert dabei aus den folgenden zwei Bestandteilen: „M" steht für „Mobil" und „Pesa" heißt in der Landessprache Kisuaheli „Bargeld".[79] Telefonguthaben kann dann per SMS versendet und empfangen werden sowie in mehr als 4.000 Kiosken und Supermärkten ausgezahlt werden.[80] Probleme liegen derzeit noch bei grenzüberschreitenden Überweisungen.[81] Dies könnte sich jedoch bald ändern: Kipochi, eine elektronische Geldbörse, die die Interaktion zwischen der mobilen Währung M-Pesa und der virtuellen Währung Bitcoin ermöglicht.[82] Somit wären grenzüberschreitende Überweisungen problemlos möglich, weshalb der Dienst Kipochi in Zukunft noch bedeutsamer werden könnte.[83]

---

[74] Vgl. Henkel, Christiane Hanna (2014), S. 76.
[75] Vgl. Wendt, Johannes (2014), 4. Abschnitt im Hauptframe (siehe Internetverzeichnis).
[76] Vgl. Ebenda, 4. Abschnitt im Hauptframe.
[77] Vgl. Ebenda, 5. Abschnitt im Hauptframe.
[78] Vgl. Drechsler, Wolfgang (2015), S. 30.
[79] Vgl. Ebenda, S. 30.
[80] Vgl. Ebenda, S. 30.
[81] Vgl. Ebenda, S. 30.
[82] Vgl. Syracom AG (Hrsg.) (2014), S. 60.
[83] Vgl. Ebenda, S. 60.

5 Kryptowährungen in der Diskussion

5.1 Chancen

Der Bitcoin bietet viele Chancen, die in diesem Kapitel näher beleuchtet werden. So bietet der Bitcoin in seinem Netzwerk eine Hierarchiefreiheit und eine vollständige Transaktionstransparenz bei gleichzeitigem Schutz der Privatsphäre, da in der Blockchain zwar alle Transaktionen aufgeführt werden, aber nicht von wem persönlich die Transaktionen stammen.[84] Die Blockchain-Technologie bringt viele Vorteile mit sich: Alle Transaktionen werden öffentlich protokolliert, sodass jeder Einblick in die getätigten Transaktionen erhält. Das System ist dezentral organisiert und ermöglicht nicht nur transparente, sondern auch schnelle und kostengünstige Überweisungen.[85] Daher befürwortet auch der Nasdaq-Chef Bob Greifeld diese Innovation und möchte noch in diesem Jahr über die Blockchain Aktien von nicht börsennotierten Unternehmen ausgeben und handeln. Er ist der Meinung, dass dies „für die Wall Street von grundlegender Bedeutung" sein werde.[86]

Der Bitcoin bietet ein günstiges und komfortables Zahlungssystem, in dem die Nutzer nahezu kostenlos Überweisungen tätigen können, sogar grenzüberschreitend.[87] Nicht zu unterschätzen ist auch die Schnelligkeit des Systems. So dauert eine Bitcoin-Transaktion im Durchschnitt rund zehn Minuten.[88] Auch senkt der Bitcoin die Markteintrittsbarrieren und befähigt somit eine Vielzahl von Menschen überhaupt an der globalen Wirtschaft teilnehmen zu können.[89] Beispiele hierfür sind „M-Pesa" oder auch die Thematik um Griechenland, die in der Einleitung vorgestellt wurde. Des Weiteren sind Bitcoins nahezu fälschungssicher, da alle Nutzer ein Netzwerk bilden, das die Transaktionen überwacht und der Bitcoin nur bei bestätigten Transaktionen den Besitzer wechselt.[90]

Auch für Gewerbetreibende ist der Bitcoin sehr chancenreich: So müssen mit dem Bitcoin keine Gebühren an einen Zahlungsdienstleister abgeführt werden, was sonst in der Regel um die 3 Prozent ausmacht. Weiterhin stehen die eingenommenen Bitcoins

---

[84] Vgl. Malisch, Ralph (2014), S. 18.
[85] Vgl. Seibel, Karsten (2015), S. 15.
[86] Vgl. Ebenda, S. 15.
[87] Vgl. Malisch, Ralph (2014), S. 21.
[88] Vgl. Zehbe, Astrid (2015), S. 27.
[89] Vgl. Platzer, Jörg (2014), S. 101.
[90] Vgl. Brächer, Michael (2014), S. 40.

sofort zur Verfügung, was bei Kartenzahlungen durch Umwege über die Bank länger dauert. Auch sind Bitcoin-Transaktionen irreversibel, d.h. das Risiko einer Rückbuchung fällt weg. Bei Kreditkartenzahlungen besteht das Risiko hingegen 180 Tage.[91]

Auch bietet der Bitcoin als Anlage- und Spekulationsobjekt Chancen. So wird der Bitcoin nicht nur ergänzend zu Immobilien und Gold gekauft, sondern auch die Tatsache, dass die Anzahl auf ein Maximum beschränkt ist, macht ihn für Spekulationen beliebt.[92] Zudem verlangsamt sich die Ausweitung der Bitcoins im Laufe der Zeit, was bedeutet, dass die Halter von „altem Geld" durch die Ausgabe neuer Coins bevorzugt sind.[93] Die Kursentwicklung des Bitcoins war innerhalb weniger Wochen von 200 US-Dollar auf über 1.000 US-Dollar angestiegen, sodass der Preis eines Bitcoin kurzzeitig sogar den einer Feinunze Gold übertraf.[94] Dies bietet Chancen auf Kursgewinne, wobei hier aber auch die Risiken auf der anderen Seite berücksichtigt werden müssen, auf die im nächsten Kapitel eingegangen wird.

5.2 Risiken

Der Bitcoin ist äußerst anfällig für Wertschwankungen und sank nach seinem Höchststand wieder auf rund 200 US-Dollar, weshalb auch große Kursverluste möglich sind.[95] Dies nennt man auch Marktpreisrisiko, d.h. das Risiko eines finanziellen Vermögensverlustes durch eine negative Veränderung des Marktpreises, die durch eine hohe Volatilität im Wechselkurs verursacht wurde.[96]

Ein weiteres Risiko ist die Anonymität und die fehlende geldpolitische Kontrolle, welche kriminelle Geschäfte erleichtert und die Arbeit von Finanzbehörden erschwert.[97] Ein Beispiel ist die Handelsplattform „Silk Road" gewesen, die über das sogenannte Darknet Drogen, Hackersoftware und gefälschte Ausweisdokumente verkaufte und sowie für illegale Aktivitäten wie Geldwäsche eingesetzt worden sei.[98] Als Zahlungsmittel diente ausschließlich der Bitcoin, der dafür sorgen sollte, dass die Geldströme nicht nachzuverfolgen sind.[99] Der Gründer der Plattform, der mit einer

---

[91] Vgl. Platzer, Jörg (2014), S. 103.
[92] Vgl. Eckert, Daniel / Zschäpitz, Holger / Trentmann, Nina (2013), S. 13.
[93] Vgl. Malisch, Ralph (2014), S.22.
[94] Vgl. Ebenda, S. 19.
[95] Vgl. Zehbe, Astrid (2015), S. 27.
[96] Vgl. Syracom AG (2014), S. 66.
[97] Vgl. Ebenda, S. 27.
[98] Vgl. Die Welt (Hrsg.) (2015), S. 23.
[99] Vgl. Ebenda, S. 23.

Gebühr von rund 10 Prozent von den Geschäften profitierte, wurde zu einer lebenslangen Haftstrafe und zu einer Schadenszahlung von rund 184 Millionen Dollar verurteilt.[100]

Ein weiteres Beispiel stellt die Bitcoin-Börse Mt. Gox dar: Im Februar 2014 meldete die Börse Insolvenz an, nachdem Hacker 850.000 Bitcoins entwendet haben sollen. Später fanden sich 200.000 in einem ungenutzten Konto von Mt. Gox. So soll der ehemalige Börsenchef bereits seit Übernahme der Börse im Jahr 2011 durch Manipulation eigene Konten gefüllt und Bitcoins anderer Kunden abgezweigt haben. Die Polizei konnte die Kontenmanipulation in 30 Fällen bestätigen. Bereits Mitte 2013 soll Mt. Gox auch durch Spekulationsverluste in finanzielle Schwierigkeiten geraten sein. Ob sich dieser Verdacht in den nächsten Wochen bestätigt oder tatsächlich Hacker die Börse angegriffen haben, wird sich zeigen.[101]

Nachfolgen sollen einige Risiken aufgeführt werden, die im Zusammenhang mit virtuellen Währungen auftreten können und teilweise aus den Beispielen auch schon hervorgegangen sind:

Das Liquiditätsrisiko bezeichnet die Gefahr, dass ein illiquider Markt bei Zusammenbruch der Community des Herausgebers, der Börsen oder Handelsplattformen entsteht, beispielsweise durch Insolvenz.[102]

Ein weiteres Risiko ist das Kontrahentenrisiko. Dieses bezeichnet das Risiko, dass der Handelspartner seinen Verpflichtungen nicht nachkommt und somit ein Ausfall- bzw. Abwicklungsrisiko besteht.[103]

Die operationellen Risiken beinhalten die Störung oder den gänzlichen Ausfall der Abwicklungsplattform des Herausgebers bzw. von Börsen und/oder Handelsplattformen und den finanziellen Vermögensverlust, zum Beispiel durch Hacking- oder Phishing- Angriffen oder Computercrash. Auch die Generierung von gefälschten Guthaben oder Transaktionen stellt ein operationelles Risiko dar.[104]

---

[100] Vgl. Die Welt (Hrsg.) (2015), S. 23.
[101] Vgl. Kölling, Martin (2015), S. 34.
[102] Vgl. Syracom (Hrsg.) (2014), S. 66.
[103] Vgl. Ebenda, S. 66.
[104] Vgl. Ebenda, S. 66.

Weiterhin bestehen rechtliche Risiken. Eine staatliche Regulierung kann unter Umständen zur Beendigung von Börsen und/oder Handelsplattformen sowie zum vollständigen Verbot der Währung führen.[105] So verbot im Dezember 2013 die chinesische Zentralbank Kreditinstituten, mit Bicoins zu handeln. Einige Minuten nach der Meldung fiel auch der Bitcoin Kurs, wie oben beschrieben.[106] Auch andere Zentralbanken, wie die französische Zentralbank oder gar die Europäische Zentralbank, äußern Bedenken.[107]

Ein weiteres Risiko ist die Gefahr der Kapitalkonzentration. So besitzen 0,05 Prozent der Bitcoin-Nutzer über rund 70 Prozent aller Bitcoins, sodass die Verteilung sehr ungleichmäßig ist. Es wird vermutet, dass der Großteil der Bitcoin-Millionäre die Entwickler des Systems selbst sind.[108]

Laut einer Expertenbefragung der Syracom AG überwiegen bisher die Risiken der digitalen Währung. Weiterhin wird der Mehrwert der Währung und das Vertrauen in diese als nicht ausreichend eingestuft.[109] Vertrauen ist jedoch Grundlage für die Akzeptanz des Geldes, sodass erst noch geldpolitische Maßnahmen getroffen werden müssen.[110]

6 Auswirkungen auf Banken

Besonders interessant werden Kryptowährungen für die Banken und insbesondere für die Europäische Zentralbank, wenn sie Einfluss auf die geldpolitischen Ziele nehmen beziehungsweise diesen entgegenwirken.[111] Daher werden zunächst die einzelnen geldpolitischen Ziele untersucht, um festzustellen, inwiefern virtuelle Währungen Einfluss auf diese nehmen könnten.

Das vorrangige, geldpolitische Ziel ist die Preisstabilität, bei welchem das Preisniveau im Mittelpunkt steht, d.h. der Durchschnitt aller Waren- und Dienstleistungspreise.[112] Ein wesentlicher Einflussfaktor auf die Preisstabilität ist die Veränderung der

---

[105] Vgl. Syracom AG (Hrsg.) (2014), S. 66.
[106] Vgl. Eckert, Daniel (2013), S. 17.
[107] Vgl. Ebenda, S. 17.
[108] Vgl. Malisch, Ralph (2014), S. 20.
[109] Vgl. Syracom AG AG (Hrsg.) (2014), S. 146.
[110] Vgl. Deutsche Bundesbank (Hrsg.) (2015), S. 18.
[111] Vgl. Syracom AG (Hrsg.) (2014), S. 92.
[112] Vgl. Deutsche Bundesbank (Hrsg.) (2015), S. 148.

Geldmenge. Bisher erreicht die Geldmenge virtueller Währungen keine wesentliche Relevanz zur Geldmenge M0 oder M1 und die Europäische Zentralbank geht davon aus, dass die virtuelle Geldmenge etwa auf dem derzeitigen Niveau verbleibt.[113] Auch die Veränderung der Umlaufgeschwindigkeit spielt eine entscheidende Rolle. Diese ist derzeit konstant und es wird auch mit keinen großen Auswirkungen durch Krypto-währungen gerechnet.[114] Des Weiteren sind auch die Wechselwirkungen mit der Re-alwirtschaft ein Einflussfaktor. Unkontrollierbare Wechselwirkungen würden zum Beispiel dann entstehen, wenn eine virtuelle Währung schnell und signifikant an Einfluss gewinnt. Ein Beispiel hierfür waren die Q-Coins in China, deren Menge auf mehreren Milliarden Yuan gestiegen war und die daraufhin im Juni 2009 für den Gebrauch in der realen Welt grundsätzlich verboten wurden.[115]

Ein weiteres Ziel beinhaltet die finanzielle Stabilität, auf die virtuelle Währungen Einfluss nehmen könnten. Eine hohe Volatilität und Spekulationsblasen, die virtuelle Währungen tendenziell mit sich bringen, stellen eine Gefahr für die Finanzstabilität dar. Weiterhin besitzen virtuelle Währungen keinen intrinsischen Wert, sind illiquide und der Besitzer von Bitcoins kann sich nicht sicher sein, ob diese in zehn Jahren noch akzeptiert werden oder einen Wert besitzen.[116]

Des Weiteren können virtuelle Währungen Einfluss auf die Stabilität von Zahlungs-systemen nehmen. Wenn sich eine virtuelle Währung weltweit etabliert, könnte eine Konzentration von Zahlungsvorgängen in einem nicht regulierten Umfeld stattfinden, wo für den Nutzer eine deutliche höhere Unsicherheit herrscht. Bisher sind aber auch hier keine signifikanten Auswirkungen ersichtlich.[117]

Derzeit ist das Bankgeschäft also nicht direkt durch virtuelle Währungen beeinflusst. Jedoch besteht die Gefahr, dass Kunden von Banken bei einem Zusammenbruch einer Kryptowährung getroffen werden, was ein potenzielles Reputationsrisiko hervorrufen könnte, indem den Banken ein „unbeteiligtes Zuschauen" vorgeworfen wird.[118] Daher

---

[113] Vgl. Syracom AG (Hrsg.) (2014), S. 93.
[114] Vgl. Ebenda, S. 93.
[115] Vgl. Ebenda, S. 93.
[116] Vgl. Ebenda, S. 94.
[117] Vgl. Ebenda, S. 95.
[118] Vgl. Ebenda, S. 96.

wird die Europäische Zentralbank die Entwicklung der Kryptowährungen sowie deren Ausbreitung und Relevanz weiter beobachten und bewerten.[119]

Virtuelle Währungen bieten ein vielfältiges Feld für Kreditinstitute, z.B. durch das Angebot entsprechend indexierter Zertifikate oder durch Vergabe von auf Bitcoins laufenden Krediten.[120] Jedoch gibt es eine Vielzahl von Risiken, die zwar nicht neu, aber in besonderem Maße ausgeprägt sind.[121] Das größte Potenzial für den Finanzsektor habe die Blockchain, mit der der Handel von Aktien, Krediten und Derivaten beschleunigt werden kann.[122]

7 Fazit

Die Zukunftsaussichten der Kryptowährungen wurden in dieser Arbeit untersucht. So zeigen sich Trends, die für eine Zukunft dieser Währungen sprechen. Bei einer Umfrage der Bitkom im Jahr 2015 wurde herausgefunden, dass sich immerhin 36 Prozent der Deutschen vorstellen können, virtuelle Währungen, wie den Bitcoin, zu erwerben oder zu nutzen. Dabei konnte ein Anstieg von 11 Prozent im Vergleich zum Vorjahr herausgestellt werden, was die positive Tendenz verdeutlicht. Besonders Männer und junge Leute im Alter von 14 bis 29 Jahren sind offen gegenüber dem Bitcoin. Weiterhin hat sich auch die Anzahl der weltweiten Transaktionen mehr als verdoppelt. Sie stieg von 65.000 auf 134.000 Transaktionen pro Tag. Auch findet der Bitcoin immer mehr Akzeptanzstellen und gar Projekte, wie der Bitcoin-Kiez, entwickeln sich.

Dies liegt insbesondere an den Chancen, die der Bitcoin mit sich bringt. Die digitale Währung bietet ein günstiges, komfortables und schnelles Zahlungssystem, was insbesondere für den internationalen Zahlungsverkehr besonders bedeutend ist. So können Überweisungen nahezu kostenfrei ins Ausland getätigt werden, was im Durchschnitt rund zehn Minuten dauert. Gerade in Afrika, wo kaum ein Mensch ein Bank-Konto besitzt, eröffnen virtuelle Währungen den Menschen die Möglichkeit, am internationalen Zahlungsverkehr teilzunehmen. Auch für Gewerbetreibende ist der Bitcoin äußerst lukrativ. Diese können Kosten sparen und haben vor allem das Risiko einer

---

[119] Vgl. Ebenda, S. 96.
[120] Vgl. Sprengnether, Mirko / Wächter, Hans Peter (2014), S. 62.
[121] Vgl. Ebenda, S. 63.
[122] Vgl. Seibel, Karsten (2015), S. 15.

Rückbuchung für sich ausgeschlossen. Insbesondere die Blockchain-Technologie, die ein öffentliches Verzeichnis aller Transaktionen darstellt, stellt eine Chance für den Finanzsektor dar. Selbst der Nasdaq-Chef überlegt, über diese Innovation Aktien von nicht börsennotierten Unternehmen auszugeben und zu handeln.

Dem gegenüber stehen aber auch erhebliche Risiken, wie die extreme Volatilität der Währung. Aufgrund der Anonymität der Währung bietet sie auch für Kriminelle einen Anreiz. Das bekannteste Beispiel stellt hierbei die Internetplattform „Silk Road" dar, die auch als „Amazon für Drogen und Waffen" bezeichnet wird und mittlerweile aufgrund ihrer Kriminalität vom Netz genommen wurde. Auch das Risiko einer Insolvenz der Handelsplattform ist ein Risiko. So hat die Börse Mt. Gox im Februar 2014 Insolvenz angemeldet, nachdem rund 650.000 Bitcoins verschwunden sind. Hierbei besteht der Verdacht, dass der ehemalige Chef der Börse Mt. Gox eigene Konten gefüllt haben soll. Außerdem besteht die Gefahr, dass staatliche Regulierung dazu führt, dass der Handel mit virtuellen Währungen verboten wird. So verbot beispielsweise die chinesische Zentralbank den Kreditinstituten den Handel mit Bitcoins.

Eine Expertenbefragung der Syracom AG zufolge überwiegen bisher die Risiken der Währung. Auch der Mehrwert der Währung und das Vertrauen in diese wurden als nicht ausreichend eingestuft. Des Weiteren hat sich herausgestellt, dass das Bankengeschäft derzeit noch nicht direkt durch virtuelle Währungen beeinflusst wird. Besonderes Potenzial bietet die Blockchain-Technologie für den Finanzsektor. Es sollten jedoch die aktuellen positiven Trends der Währung weiterverfolgt werden, die bisher positiv für die Kryptowährungen sprechen.

Literaturverzeichnis

Beck, Benjamin / König, Dominik (2015): Bitcoin: Der Versuch einer vertragstypologischen Einordnung von kryptographischem Geld, in: Juristenzeitung , 70. Jg., Nr. 3, S. 130-138.

Brächer, Michael (2014): Fälschungssicher, aber enorme Wertschwankungen - Chancen und Grenzen einer virtuellen Währung, in: Handelsblatt, Nr. 30, 12.02.2014, S. 40.

Brächer, Michael / Wiebe, Frank (2015): Revolutionäre Kettenreaktion, in: Handelsblatt, Nr. 104, 03.06.2015, S. 28.

Casey, Michael / Vigna, Paul (2015): Cryptocurrency: Wie virtuelles Geld unsere Gesellschaft verändert, Berlin, 2015.

Conrad, Peter (2013): Bitcoin – Perspektive oder Risiko?, Berlin, 2013.

Deutsche Bundesbank (Hrsg.) (2015): Geld und Geldpolitik, Frankfurt am Main, 2015.

Der Standard (Hrsg.) (2013): Das Geld in der Cyberwelt – Mehr als 80 digitale Währungen sind bereits im Umlauf, 05.12.2013.

Die Welt (Hrsg.) (2015): „Silk Road"-Gründer zu lebenslanger Haft verurteilt, 01.06.2015, Nr. 124, S. 23.

Drechsler, Wolfgang (2015): Mobiles Bezahlen – Handy statt Bankkonto, in: Handelsblatt, Nr. 131, 13.07.2015, S. 30.

Eckert, Daniel / Zschäpitz, Holger / Trentmann, Nina (2013): Der Bitcoin bricht alle Rekorde, in: Die Welt, 19.11.2013, Nr. 270, S. 13.

Eckert, Daniel (2013): China macht Front gegen die Bitcoins, in: Die Welt, 06.12.2013, Nr. 285, S. 17.

Eismann, Florian (2015): Web 2.0 Banking – Was Kreditinstitute von der Fidor Bank lernen können, in: Multi- und Omnichannel-Management in Banken und Sparkassen: Wege in eine erfolgreiche Zukunft, Wiesbaden, 2015.

European Central Bank (Hrsg.) (2012): Virtual Currency Schemes, Frankfurt am Main, 2012.

Judt, Ewald / Klausegger, Claudia (2013): Naturalgeld, in: Bank und Markt 04, 01.04.2013, S. 46.

Hartmann, Monika E. (2000): Elektronisches Geld und Geldpolitik, Wiesbaden, 2000.

Henkel, Christiane Hanna (2014): Brötchenkauf mit Bitcoins, in: Neue Zürcher Zeitung, 01.04.2014, Nr. 76, S. 26.

Kerscher, Daniel (2013): Bitcoin: Funktionsweise, Risiken und Chancen der digitalen Währung, o.O., 2013.

Kölling, Martin (2015): Wieso ging die Bitcoin-Börse Mt. Gox bankrott?, in: Handelsblatt, Nr. 148, 05.08.2015, S. 34.

Malisch, Ralph (2014): Titelstory Bitcoin vs. Gold, in: Smart Investor, Heft 02/2014, S. 18-23.

Platzer, Jörg (2014): Bitcoin – kurz & gut, Köln, 2014.

Schweizerische Eidgenossenschaft (Hrsg.) (2014): Bericht des Bundesrates zu virtuellen Währungen in Beantwortung der Postulate Schwaab (13.3687) und Weibel (13.4070), Bern, 2014.

Seibel, Karsten (2015): Nasdaq setzt auf Bitcoin-Idee für den Börsenhandel - Schnellere Geschäfte dank Kryptotechnik?, in: Die Welt, 25.07.2015, Nr. 171, S. 15.

Sprengnether,Mirko / Wächter, Hans Peter (2014): Bitcoins: Risiken, Recht und Regulierung, in: Die Bank, Heft 03/2014, S. 60-63.

Syracom AG (Hrsg.) (2014): SYRACOM Trendstudie – Virtuelle Währungen, Wiesbaden, 2014.

Teich, Kai / Gabler, K. / Wöhe, O. / Popp, M. / Müller, B. (2013): Bitcoin Millionäre: Satoshi's Erben packen aus, Norderstedt, 2013.

Zehbe, Astrid (2015): Wilde Währung – Bitcoins: Die Internetwährung verbreitet sich immer mehr, doch mit ihrer gestiegenen Akzeptanz werden auch die Rufe nach Regulierung lauter, in: Euro am Sonntag, 13.06.2015, Nr. 24, S. 26-27.

Internetverzeichnis

Bergmann, Christoph (2013): Die Bitcoin-Deutschland-Karte, in: BitcoinBlog.de,
01.10.2013, abgerufen am 05.08.2015,
http://bitcoinblog.de/2013/10/01/die-bitcoin-deutschland-karte/.

Bergmann, Christoph (2014): Steuern für Bitcoins, in: BitcoinBlog.de, 06.01.2014,
abgerufen am 02.08.2015,
http://bitcoinblog.de/2014/01/06/steuern-fuer-bitcoins/.

Bitkom e.V. (Hrsg.) (2015): Großes Interesse an Bitcoins, 16.07.2015, abgerufen am
05.08.2015,
https://www.bitkom.org/Presse/Presseinformation/Großes-Interesse-an-
Bitcoins.html.

Blockchain.info (2015): Insgesamte Anzahl von Bitcoins in Umlauf, abgerufen am
03.08.2015,
https://blockchain.info/de/charts/total-bitcoins.

coinmarketcap.com (2015): Crypto-Currency Market Capitalizations, abgerufen am
04.08.2015,
http://coinmarketcap.com/all/views/all/.

Deutsche Wirtschaftsnachrichten (2015): USA: Erste Krypto-Währung führt den
Goldstandard ein, 12.05.2015, abgerufen am 04.08.2015,
http://deutsche-wirtschafts-nachrichten.de/2015/05/12/usa-erste-krypto-
waehrung-fuehrt-den-goldstandard-ein/.

Die Welt (Hrsg.) (2015): Gold ist für Griechen nur zweitbeste Flucht-Währung,
04.07.2015, abgerufen am 30.07.2015,
http://www.welt.de/finanzen/article143523147/Gold-ist-fuer-Griechen-nur-
zweitbeste-Flucht-Waehrung.html.

Eckert, Daniel (2013): Wie Berlin zur weltweiten Bitcoin-Hauptstadt wurde, in: Die
Welt, 08.09.2013, abgerufen am 05.08.2015,
http://www.welt.de/finanzen/geldanlage/article119820142/Wie-Berlin-zur-
weltweiten-Bitcoin-Hauptstadt-wurde.html.

IT Finanzmagazin (Hrsg.) (2015): Kontrovers: Hat Bitcoin überhaupt eine Chance?, 20.07.2015, abgerufen am 30.07.2015, http://www.it-finanzmagazin.de/kontrovers-hat-bitcoin-ueberhaupt-eine-chance-17698/.

Mey, Stefan (2014): Ripple, Litecoin und Co.: Die wichtigsten und wertvollsten Bitcoin-Alternativen, in: Spiegel, 27.02.2014, abgerufen am 04.08.2015, http://www.spiegel.de/netzwelt/web/alternativen-zu-bitcoin-kryptowaehrungen-boomen-a-955763.html.

Wendt, Johannes (2014): In Berlin gibt es jetzt Bitcoins gegen Bares, in: Zeit Online, 14.02.2014, abgerufen am 06.08.2015, http://www.zeit.de/digital/internet/2014-02/bitcoin-automat-berlin-kreuzberg.